Impressum
Verlag: BABADADA GmbH, Nedderfeld 112 , 22529 Hamburg
Geschäftsführer / Verlagsleitung: Harald Hof
Druck: Books on Demand GmbH, In de Tarpen 42, 22848 Norderstedt

Imprint
Publisher: BABADADA GmbH, Nedderfeld 112 , 22529 Hamburg, Germany
Managing Director / Publishing direction: Harald Hof
Print: Books on Demand GmbH, In de Tarpen 42, 22848 Norderstedt, Germany

škola

škola

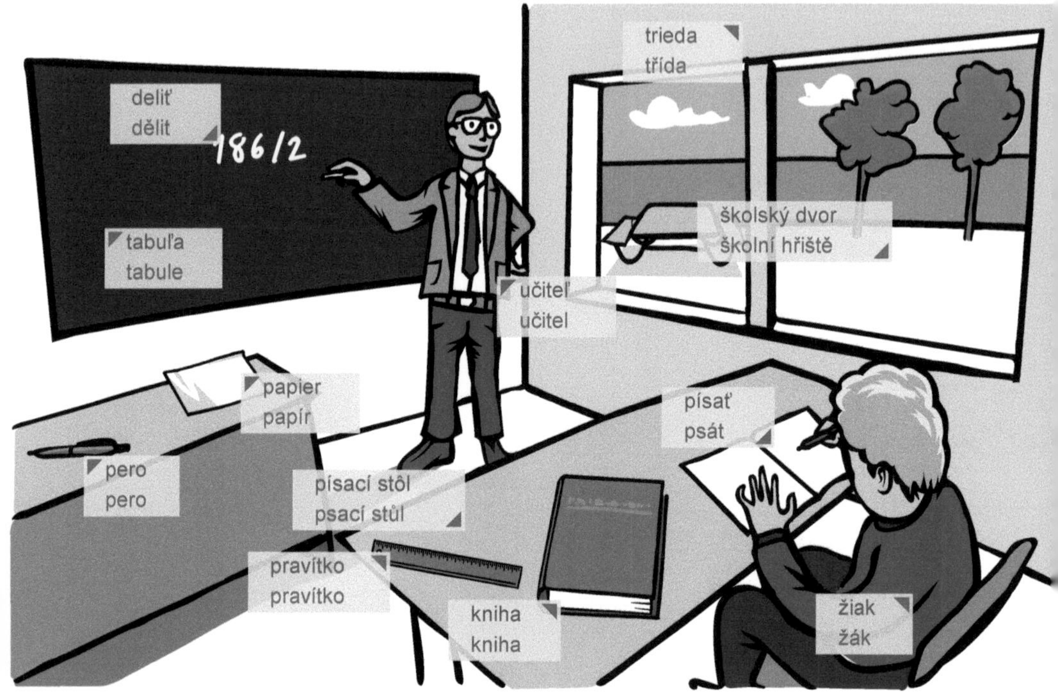
deliť
dělit
186/2
tabuľa
tabule
trieda
třída
školský dvor
školní hřiště
učiteľ
učitel
papier
papír
písať
psát
pero
pero
písací stôl
psací stůl
pravítko
pravítko
kniha
kniha
žiak
žák

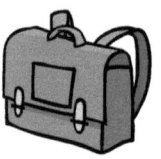

školská taška
aktovka

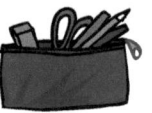

peračník
penál

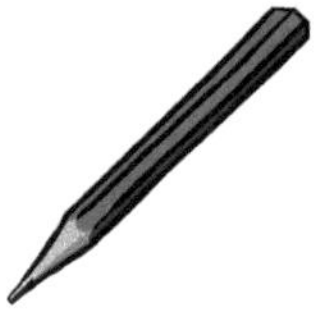

ceruza
tužka

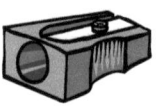

strúhadlo na ceruzky
ořezávátko

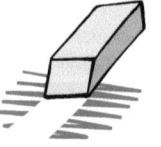

guma
guma

skicár
blok na kreslení

kresba
výkres

štetec
štětec

vodové farby
malířské potřeby

nožnice
nůžky

lepidlo
lepidlo

cvičný zošit
cvičebnice

domáca úloha
domácí úkol

12

číslo
počet

2+2

sčítať
sčítat

5-2

odčítať
odčítat

2×2

násobiť
násobit

počítať
počítat

A

písmeno
písmeno

ABCDEFG
HIJKLMN
OPQRSTU
VWXYZ

abeceda
abeceda

slovo
slovo

text
text

čítať
číst

krieda
křída

hodina
hodina

triedna kniha
třídní kniha

skúška
zkouška

certifikát
vysvědčení

školská uniforma
školní uniforma

vzdelanie
vzdělání

encyklopédia
encyklopedie

univerzita
univerzita

mikroskop
mikroskop

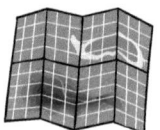

mapa
karta

kôš na papier
odpadkový koš na papír

cesta

cesta

hotel
hotel
Grand
nocľaháreň
ubytovna
ROOMS
EXCHANGE
zmenáreň
směnárna
kufor
kufr
auto
auto

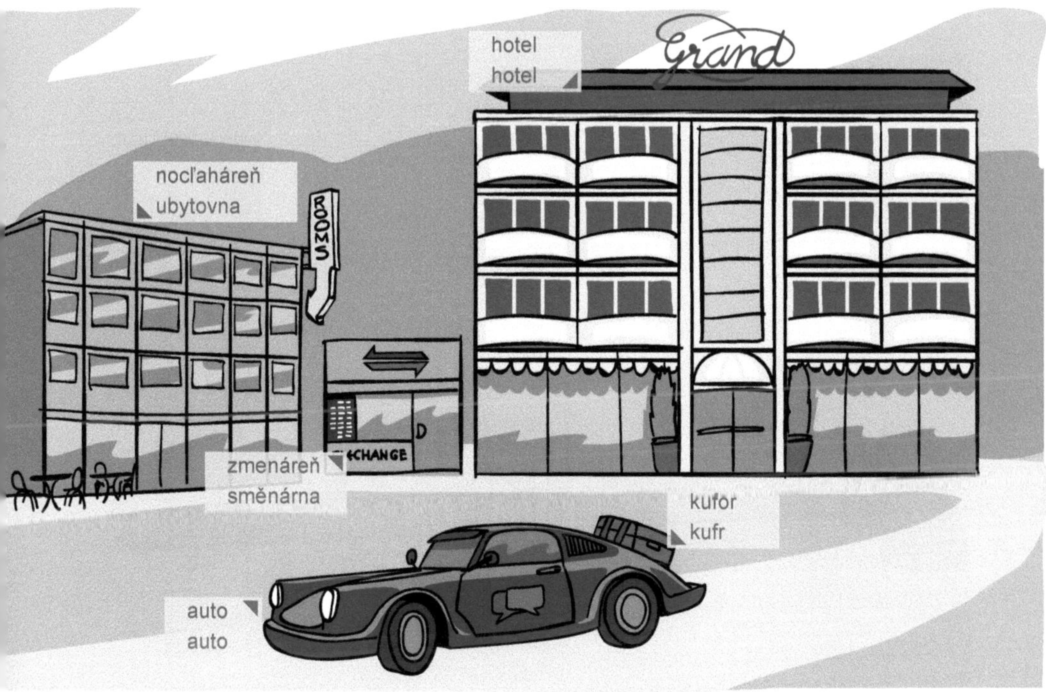

jazyk

jazyk

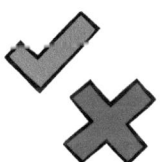

áno/nie

ano / ne

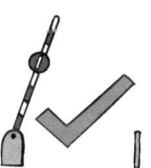

v poriadku

oukej

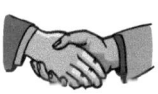

ahoj

Ahoj!

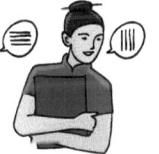

prekladateľ

překladatel

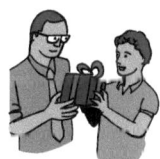

ďakujem

děkuji

Koľko stojí ... ?

Kolik stojí...?

Nerozumiem

nerozumím

problém

problém

Dobrý večer!

Dobrý večer!

Dobré ráno!

Dobré ráno!

Dobrú noc!

Dobrou noc!

Dovidenia

na shledanou

smer

směr

batožina

zavazadlo

taška

taška

batoh

batoh

hosť

host

izba

pokoj

spacák

spací pytel

stan

stan

informácie pre turistov

turistické informace

pláž

pláž

kreditná karta

kreditní karta

raňajky

snídaně

obed

oběd

večera

večeře

cestovný lístok

jízdenka

výťah

výtah

poštová známka

poštovní známka

hranica

hranice

clo

clo

veľvyslanectvo

poselství

vízum

vízum

cestovný pas

pas

doprava
transport

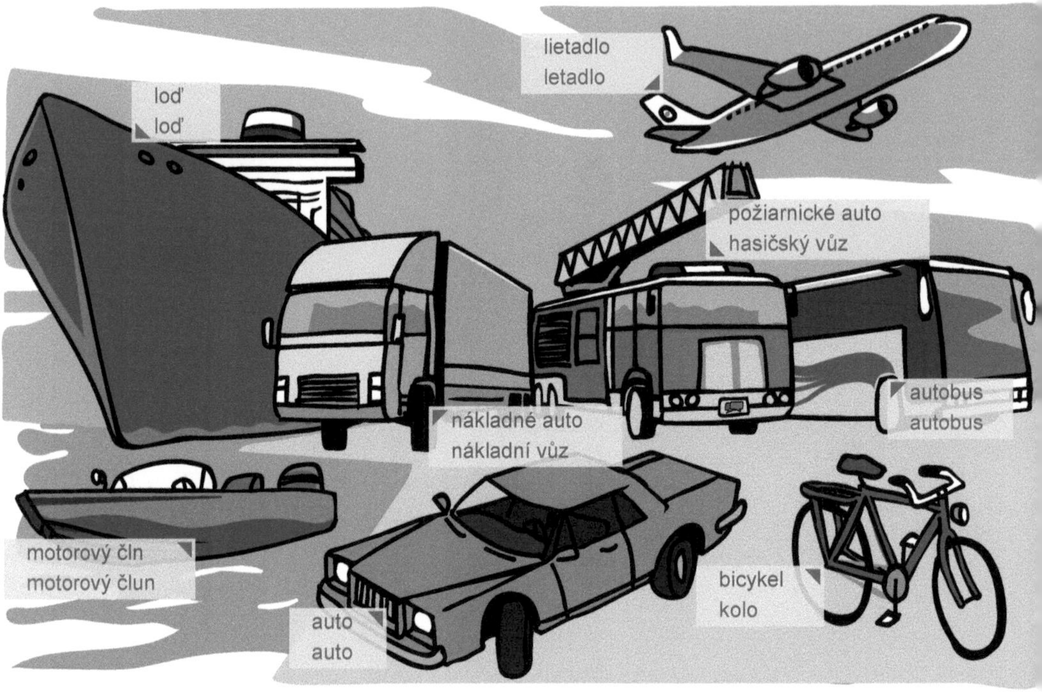
lietadlo
letadlo
loď
loď
požiarnické auto
hasičský vůz
autobus
autobus
nákladné auto
nákladní vůz
motorový čln
motorový člun
bicykel
kolo
auto
auto

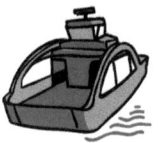

trajekt

přívoz

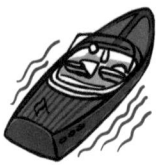

loď

člun

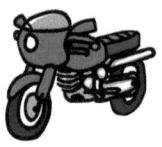

motorka

motorka

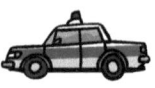

policajné auto

policejní auto

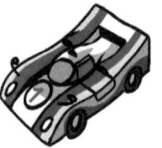

pretekárske auto

závodní auto

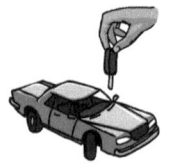

vozidlo z požičovne

pronajaté auto

carsharing

sdílení aut

odťahové auto

odtahová služba

smetiarske auto

popelářský vůz

motor

motor

benzín

palivo

čerpacia stanica

čerpací stanice

dopravná značka

dopravní značka

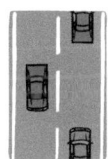

premávka

doprava

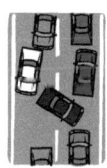

zápcha

dopravní zácpa

parkovisko

parkoviště

vlaková stanica

vlakové nádraží

trate

koleje

vlak

vlak

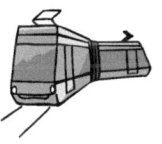

električka

tramvaj

vagón

vagón

helikoptéra

helikoptéra

letisko

letiště

veža

věž

pasažier

pasažér

kontajner

kontejner

kartón

kartón

vozík

trakař

kôš

koš

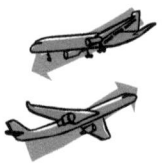

štartovať / pristáť

vzlétnout / přistát

mesto

město

dedina

vesnice

centrum mesta

střed města

dom

dům

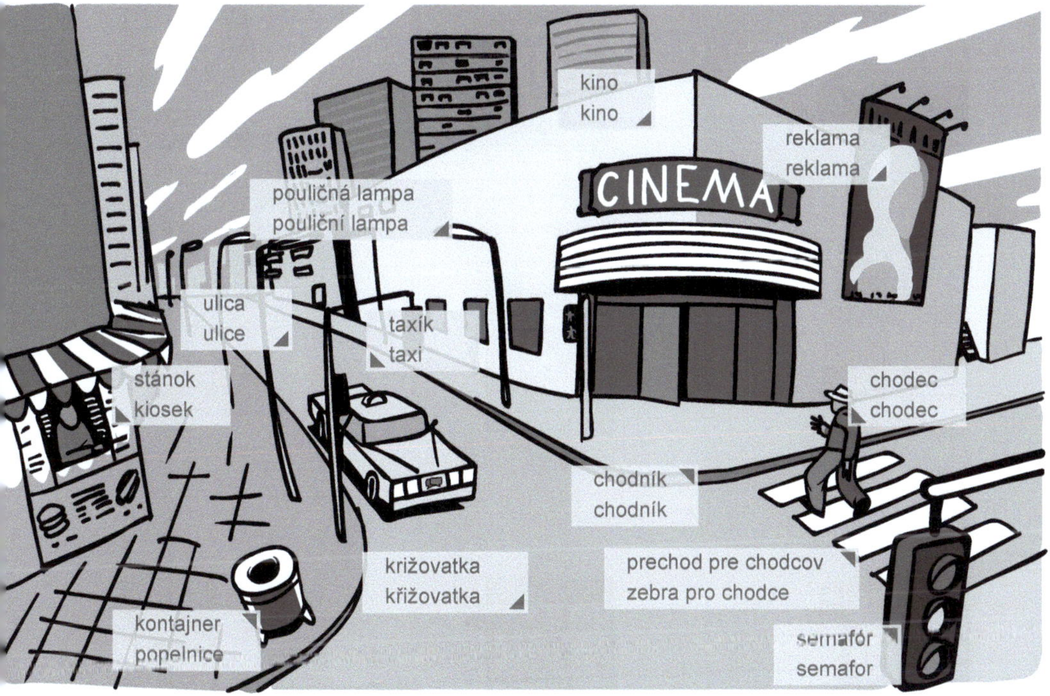

kino
kino

reklama
reklama

pouličná lampa
pouliční lampa

CINEMA

ulica
ulice

taxík
taxi

chodec
chodec

stánok
kiosek

chodník
chodník

prechod pre chodcov
zebra pro chodce

križovatka
křižovatka

kontajner
popelnice

semafór
semafor

chata
chata

byt
byt

vlaková stanica
vlakové nádraží

radnica
radnice

múzeum
muzeum

škola
škola

mesto - město

11

univerzita

univerzita

banka

banka

nemocnica

nemocnice

hotel

hotel

lekáreň

lékárna

kancelária

kancelář

kníhkupectvo

knihkupectví

obchod

obchod

kvetinárstvo

květinářství

supermarket

supermarket

trh

tržnice

obchodný dom

obchodní dům

obchodník s rybami

rybárna

nákupné stredisko

nákupní centrum

prístav

přístav

park

park

lavička

lavička

most

most

schody

schody

metro

metro

tunel

tunel

autobusová zastávka

autobusová zastávka

bar

bar

reštaurácia

restaurace

poštová schránka

poštovní schránka

tabuľa s názvom ulice

pouliční tabule

parkovacie hodiny

parkovací hodiny

ZOO

ZOO

plaváreň

plovárna

mečita

mešita

farma
....
usedlost

znečisťovanie životného
prostredia
....
znečišťování životního
prostředí

cintorín
....
hřbitov

kostol
....
církev

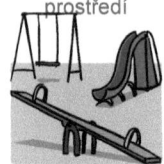

ihrisko
....
hřiště

chrám
....
chrám

terén
krajina

list
list

smerová tabuľa
rozcestník

cesta
cesta

lúka
louka

kameň
kámen

turista
turista

strom
strom

rieka
řeka

tráva
tráva

kvet
květina

dolina

údolí

kopec

hora

jazero

jezero

les

les

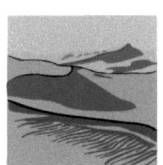

púšť

poušť

vulkán

sopka

zámok

zámek

dúha

duha

hríb

houba

palma

palma

komár

komár

mucha

moucha

mravec

mravoncc

včela

včela

pavúk

pavouk

chrobák

brouk

žaba

žába

veverička

veverka

jež

ježek

zajac

zajíc

sova

sova

vták

pták

labuť

labuť

diviak

divoké prase

jeleň

jelen

los

los

hrádza

přehrada

veterná turbína

větrné kolo

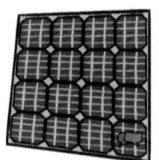

solárny panel

solární panel

podnebie

podnebí

reštaurácia
restaurace

čašník
čísník
jedálny lístok
jídelní lístek
stolička
židle
polievka
polévka
pizza
pizza
obrus
ubrus
príbor
příbor

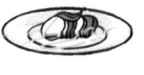

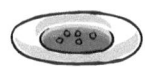

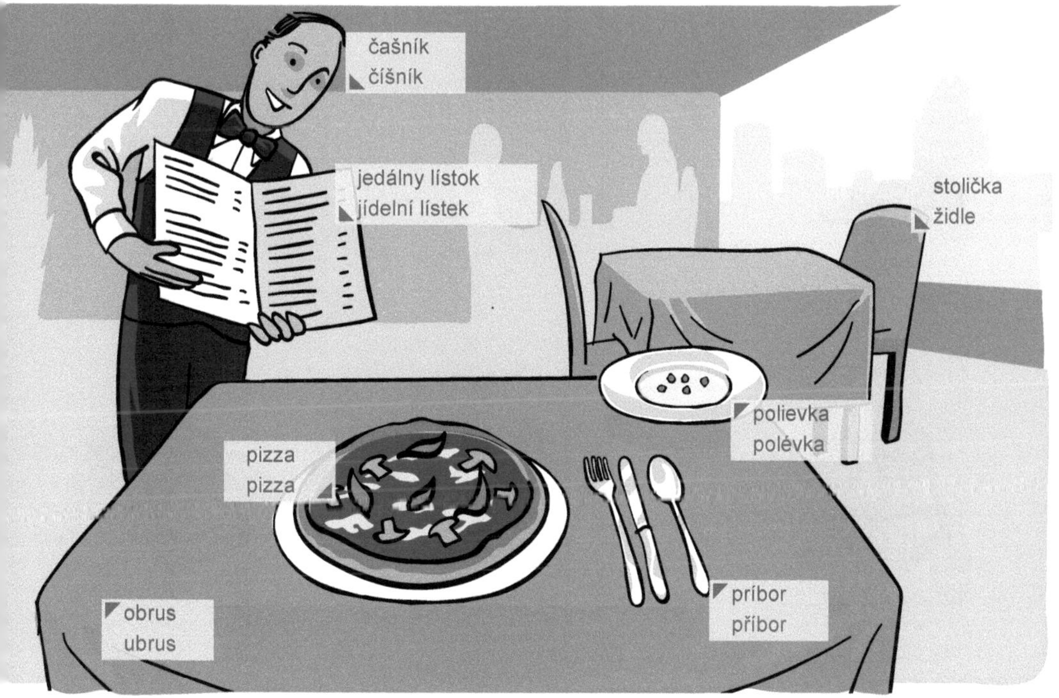

predjedlo

předkrm

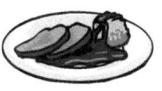

hlavné jedlo

hlavní chod

zákusok

dezert

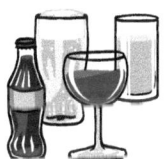

nápoje

nápoje

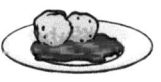

jedlo

jídlo

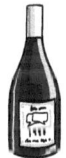

fľaša

láhev

fast-food

rychlé občerstvení

street food

pouliční občerstvení

kanvica na čaj

čajová konvice

cukornička

cukřenka

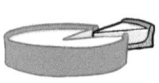

porcia

porce

stroj na espresso

kávovar na espresso

detská stolička

dětská stolička

účet

faktura

podnos

tác

nôž

nůž

vidlička

vidlička

lyžica

lžíce

čajová lyžička

čajová lyžička

obrúsok

ubrousek

pohár

sklenička

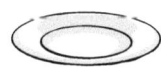

tanier
....
talíř

hlboký tanier
....
talíř na polévku

podšálka
....
podšálek

omáčka
....
omáčka

soľnička
....
slánka

mlynček na korenie
....
mlýnek na pepř

ocot
....
ocet

olej
....
olej

korenie
....
koření

kečup
....
kečup

horčica
....
hořčice

majonéza
....
majonéza

supermarket
supermarket

špeciálna ponuka
nabídka
FOR
klient
zákazník
mliečne výrobky
mléčné výrobky
ovocie
ovoce
nákupný vozík
nákupní vozík

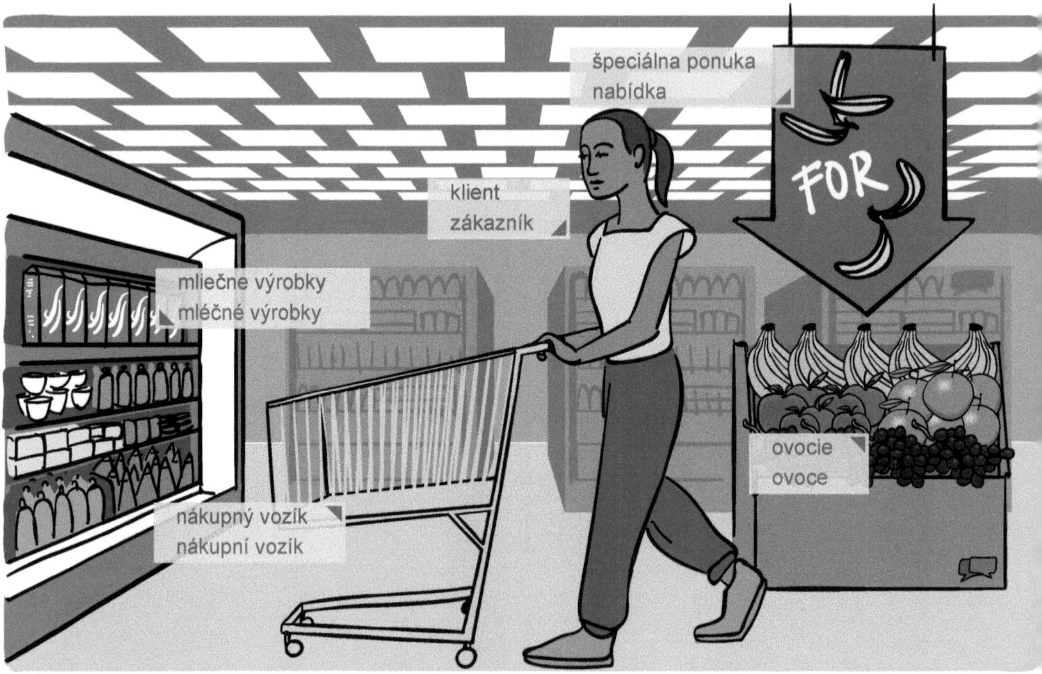

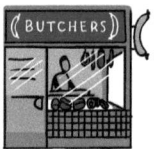

BUTCHERS

mäsiarstvo

masna

BAKERY

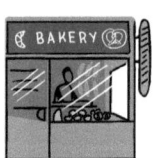

pekáreň

pekařství

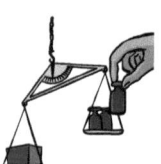

vážiť

vážit

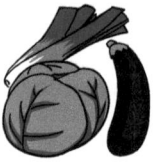

zelenina

zelenina

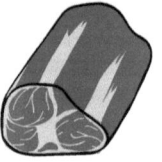

mäso

maso

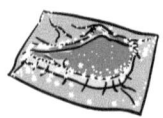

mrazené potraviny

mražené potraviny

nárez

obložený talíř

konzervy

konzervy

prací prostriedok

prací prášek

sladkosti

cukrovinky

domáce potreby

výrobky pro domácnost

čistiace prostriedky

čisticí prostředek

predavačka

prodavačka

pokladňa

pokladna

pokladník

pokladní

nákupný zoznam

nákupní seznam

otváracie hodiny

otevírací doba

peňaženka

peněženka

kreditná karta

kreditní karta

taška

taška

plastové vrecko

igelitová taška

voda

voda

džús

džus

mlieko

mléko

kola

kola

víno

víno

pivo

pivo

alkohol

alkohol

kakao

kakao

čaj

čaj

káva

káva

espresso

espresso

kapučíno

kapučíno

banán
banán

jablko
jablko

pomaranč
pomeranč

melón
meloun

citrón
citrón

mrkva
mrkev

cesnak
česnek

bambus
bambus

cibuľa
cibule

hríb
houba

orechy
ořechy

rezance
těstoviny

špagety
....
špageti

ryža
....
rýže

šalát
....
salát

hranolky
....
hranolky

pečené zemiaky
....
americké brambory

pizza
....
pizza

hamburger
....
hamburger

obložený chlebík
....
sendvič

rezeň
....
řízek

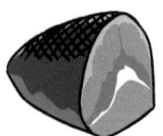

šunka
....
šunka

saláma
....
salám

klobása
....
salám

kurča
....
kuře

pečené mäso
....
pečeně

ryba
....
ryby

ovsené vločky	müsli	kukuričné lupienky
ovesné vločky	müsli	vločky

múka	croissant	pečivo
mouka	croissant	houska

chlieb	hrianka	sušienky
chléb	toast	sušenky

maslo	tvaroh	koláč
máslo	tvaroh	buchta

vajce	volské oko	зуr
vejče	volské oko	sýr

zmrzlina

zmrzlina

cukor

cukr

med

med

lekvár

marmeláda

nugátová nátierka

nugátový krém

karí korenie

kari

farma
usedlost

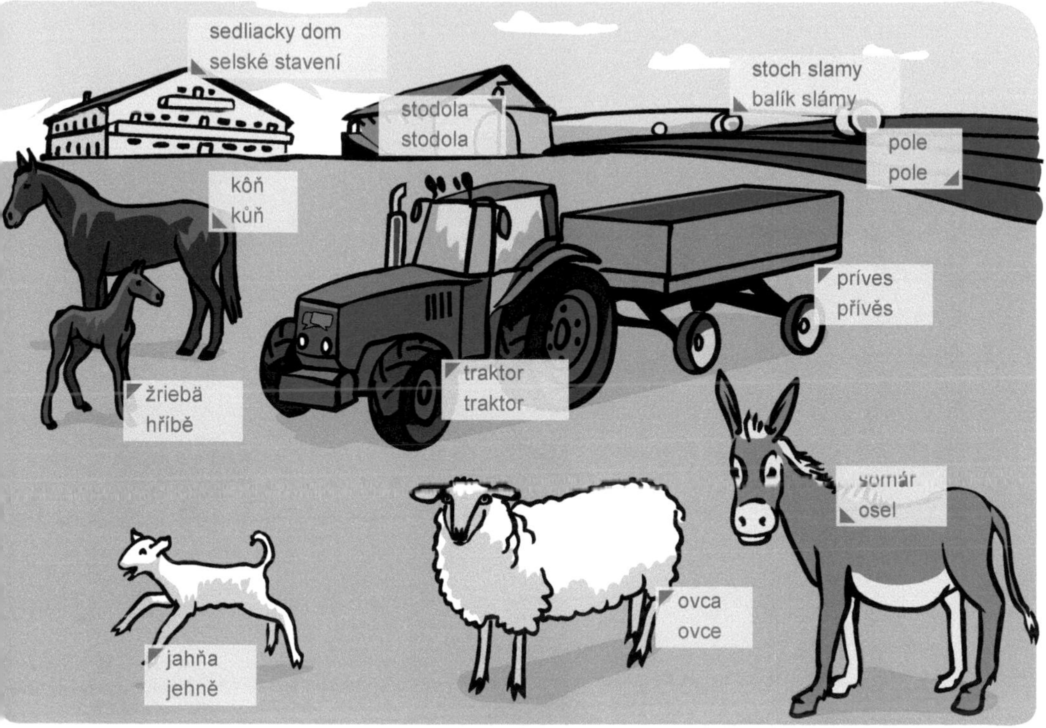
sedliacky dom
selské stavení
stoch slamy
balík slámy
stodola
stodola
pole
pole
kôň
kůň
príves
přívěs
traktor
traktor
žriebä
hříbě
somár
osel
ovca
ovce
jahňa
jehně

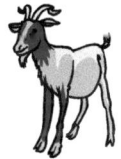

koza
koza

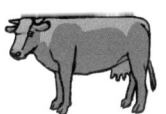

krava
kráva

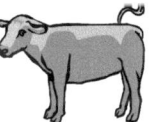

teľa
tele

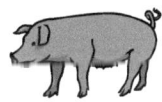

prasa
prase

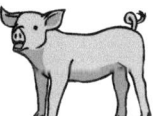

prasiatko
sele

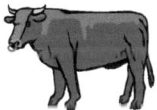

býk
býk

hus
husa

kačica
kachna

kuriatko
kuře

sliepka
slepice

kohút
kohout

potkan
krysa

mačka
kočka

myš
myš

vôl
vůl

pes
pes

psia búda
psí bouda

záhradná hadica
zahradní hadice

krhla
kropicí konev

kosa
kosa

pluh
pluh

kosák

srp

motyka

motyka

vidly na hnoj

vidle

sekera

sekera

fúrik

kolecko

koryto

koryto

kanva na mlieko

konev na mléko

vrece

pytel

plot

plot

maštaľ

stáj

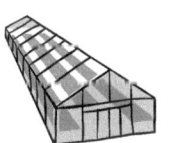

skleník

skleník

pôda

půda

osivo

osivo

hnojivo

hnojivo

kombajn

kombajn

žať
....
sklidit

žatva
....
sklizeň

batát
....
smldinec

pšenica
....
pšenice

sója
....
sója

zemiak
....
brambora

kukurica
....
kukuřice

repka
....
řepka

ovocný strom
....
ovocný strom

maniok
....
maniok

obilie
....
obilí

komín
komín

strecha
střecha

dažďový odkvap
okap

okno
okno

garáž
garáž

zvonček
zvonek

dvere
dveře

odpadkový kôš
popelnice

poštová schránka
dopisní schránka

záhrada
zahrada

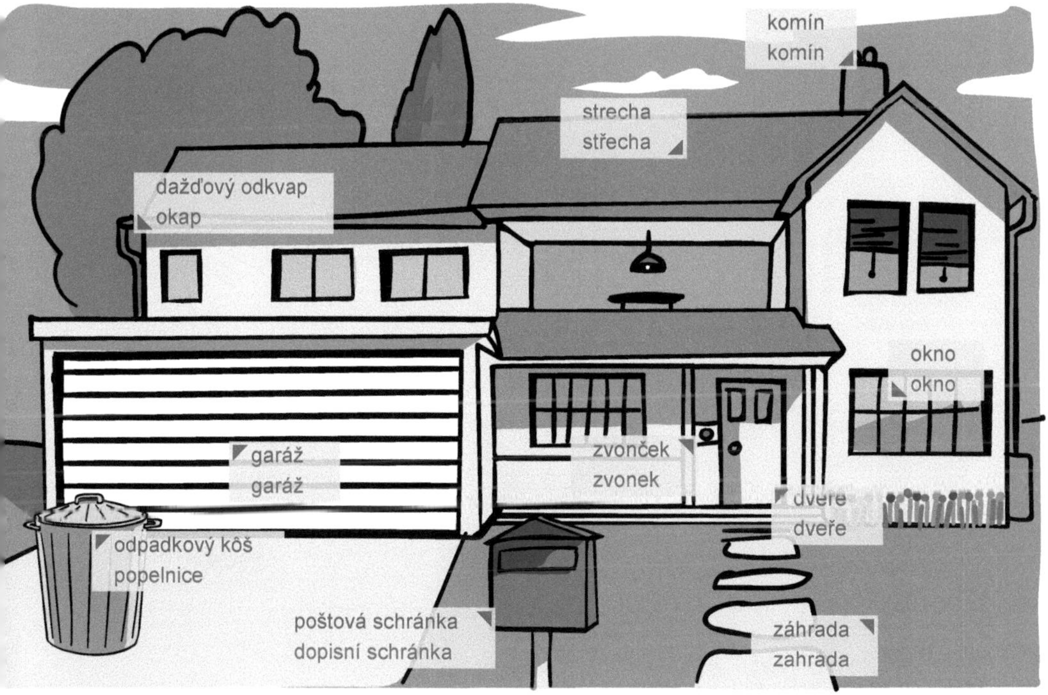

obývačka

obývací pokoj

kúpeľňa

koupelna

kuchyňa

kuchyně

spálňa

ložnice

detská izba

dětský pokoj

jedáleň

jídelna

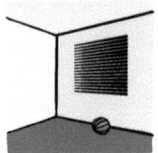

podlaha

podlaha

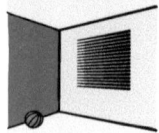

stena

zeď

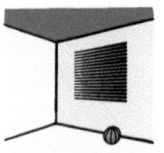

strop

deka

pivnica

sklep

sauna

sauna

balkón

balkón

terasa

terasa

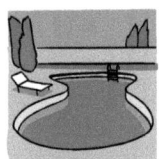

bazén

bazén

kosačka

sekačka na trávu

obliečka

ložní prádlo

posteľná prikrývka

lůžková přikrývka

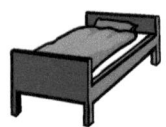

posteľ

postel

metla

smeták

vedro

kýbl

vypínač

vypínač

obývačka

obývací pokoj

tapeta
tapeta
obraz
obrázek
regál
police
kozub
komín
kvet
květina
váza
váza
televízor
televizor
skriňa
skříň
lampa
žárovka
vankúš
polštář
pohovka
gauč
diaľkové ovládanie
dálkový ovladač

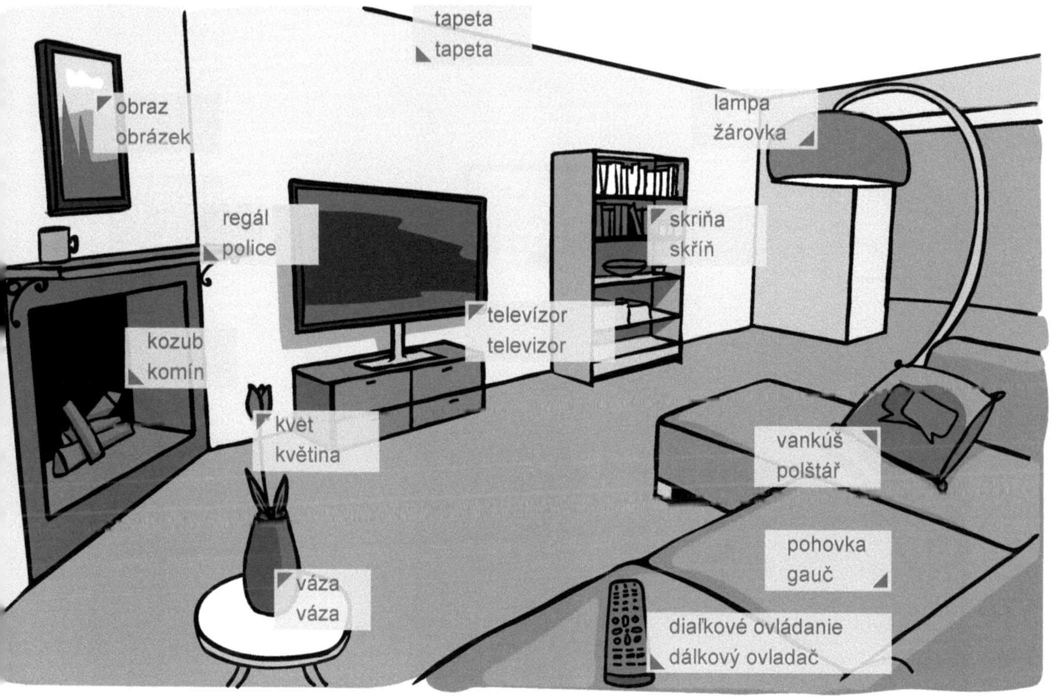

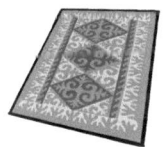

koberec

koberec

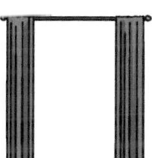

záclona

závěs

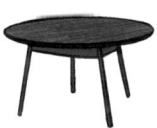

stôl

stůl

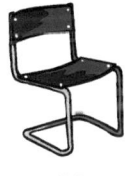

stolička

židle

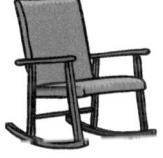

hojdacie kreslo

houpací křeslo

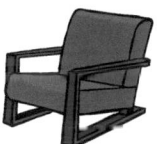

kreslo

křeslo

kniha

kniha

prikrývka

strop

dekorácia

ozdoba

drevo na kúrenie

palivové dříví

film

film

hi-fi veža

stereo souprava

kľúč

klíč

noviny

noviny

maľba

malba

plagát

plakát

rádio

rádio

zápisník

poznámkový blok

vysávač

vysavač

kaktus

kaktus

sviečka

svíce

kuchyňa
kuchyně

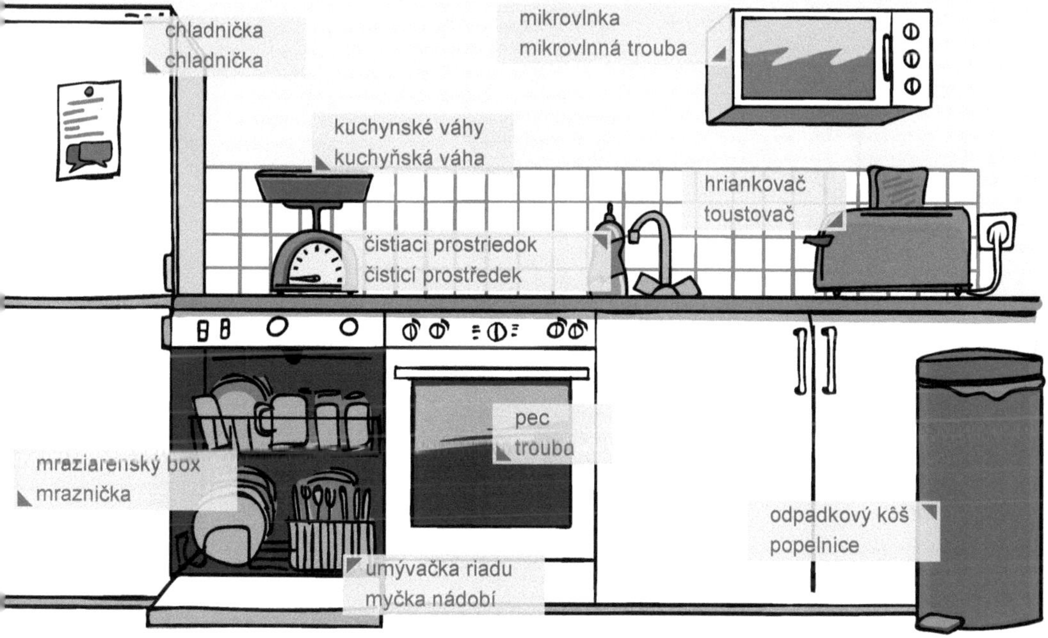

chladnička
chladnička
mikrovlnka
mikrovlnná trouba
kuchynské váhy
kuchyňská váha
hriankovač
toustovač
čistiaci prostriedok
čisticí prostředek
pec
trouba
mraziarenský box
mraznička
odpadkový kôš
popelnice
umývačka riadu
myčka nádobí

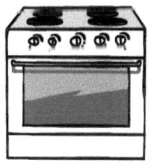

sporák

sporák

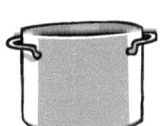

hrniec

hrnec

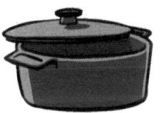

železný hrniec

litinový hrnec

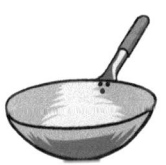

wok / kadai

wok / kadai

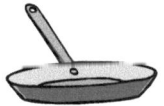

panvica

pánev

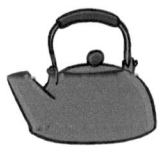

rýchlovarná kanvica

varná konvice

parný hrniec

parní hrnec

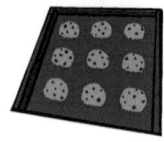

plech na pečenie

plech na pečení

riad

nádobí

pohár

hrnek

misa

miska

paličky

jídelní hůlky

naberačka na polievku

naběračka

stierka

obracečka

metlička

metla

cedidlo

síto

sitko

cedník

strúhadlo

struhadlo

mažiar

hmoždíř

gril

gril

ohnisko

ohniště

doska na krájanie

prkénko na krájení

valček na cesto

váleček na těsto

vývrtka

vývrtka

konzerva

dóza

otvárač na konzervy

otvírák na konzervy

chňapka

chňapka

výlevka

umyvadlo

kefa

kartáč na nádobí

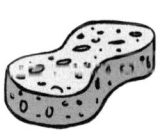

hubka

houba

mixér

mixér

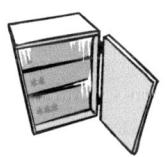

mraznička

mrazák

kojenecká fľaša

dětská lahev

vodovodný kohútik

kohoutok

kúpeľňa
koupelna

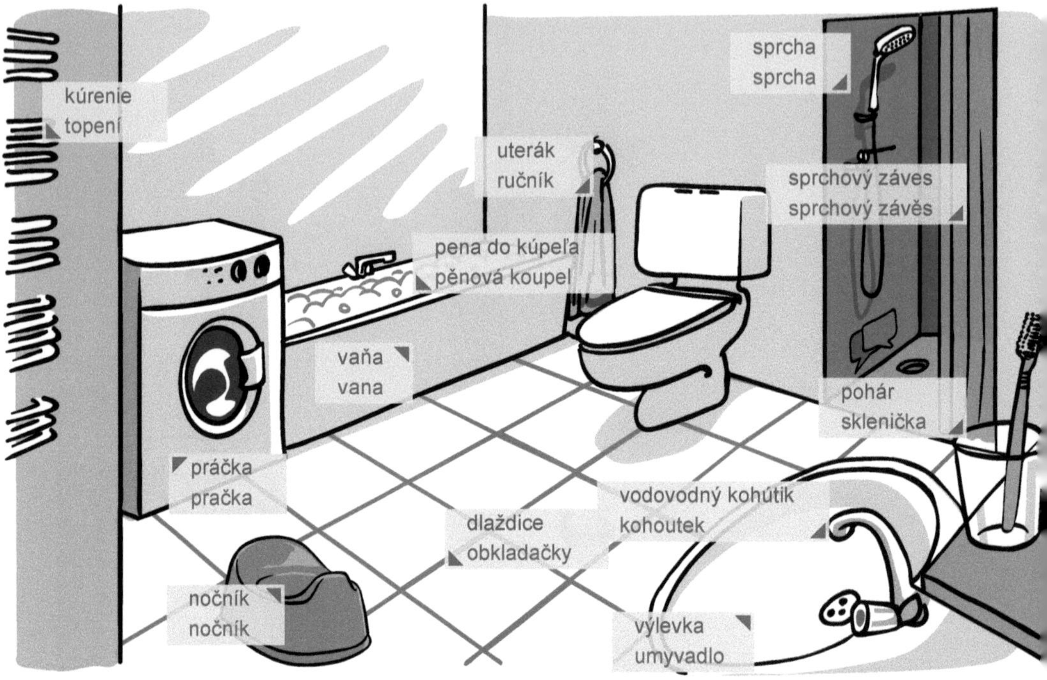

sprcha
sprcha

kúrenie
topení

uterák
ručník

sprchový záves
sprchový závěs

pena do kúpeľa
pěnová koupel

vaňa
vana

pohár
sklenička

práčka
pračka

vodovodný kohútik
kohoutek

dlaždice
obkladačky

nočník
nočník

výlevka
umyvadlo

záchod

záchod

suchý záchod

turecký záchod

bidet

bidet

pisoár

pisoár

toaletný papier

toaletní papír

záchodová kefa

záchodová štětka

zubná kefka

zubní kartáček

zubná pasta

zubní pasta

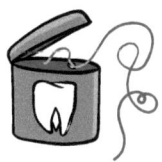

dentálna niť

zubní niť

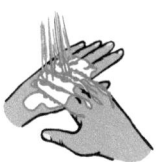

umývať

mýt

ručná sprcha

ruční sprcha

sprcha pre intímnu hygienu

intimní sprcha

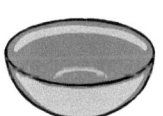

umývadlo

umyvadlo

kefa na chrbát

kartáč na záda

mydlo

mýdlo

sprchový gél

sprchový gel

šampón

šampón

frotírová rukavica

žínka

odtok

odpad

krém

krém

dezodorant

deodorant

zrkadlo
....
zrcadlo

kozmetické zrkadlo
....
kosmetické zrcátko

žiletka
....
holicí strojek

pena na holenie
....
pěna na holení

voda po holení
....
voda po holení

hrebeň
....
hřeben

kefa
....
kartáč

sušič vlasov
....
fén

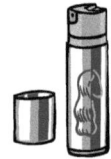

sprej na vlasy
....
lak na vlasy

make-up
....
makeup

rúž
....
rtěnka

lak na nechty
....
lak na nehty

vata
....
vata

nožnice na nechty
....
nůžky na nehty

parfum
....
parfém

kozmetická taška
....
taška s toaletními potřebami

stolček
....
stolička

váha
....
váha

kúpací plášť
....
župan

gumové rukavice
....
gumové rukavice

tampón
....
tampón

menštruačná vložka
....
dámská vložka

chemické WC
....
chemická toaleta

kúpeľňa - koupelna

detská izba
dětský pokoj

budík
budík
plyšová hračka
plyšová hračka
hračkárske auto
autíčko
hrkálka
chrastítko
domček pre bábiky
domeček pro panenky
dar
dárek

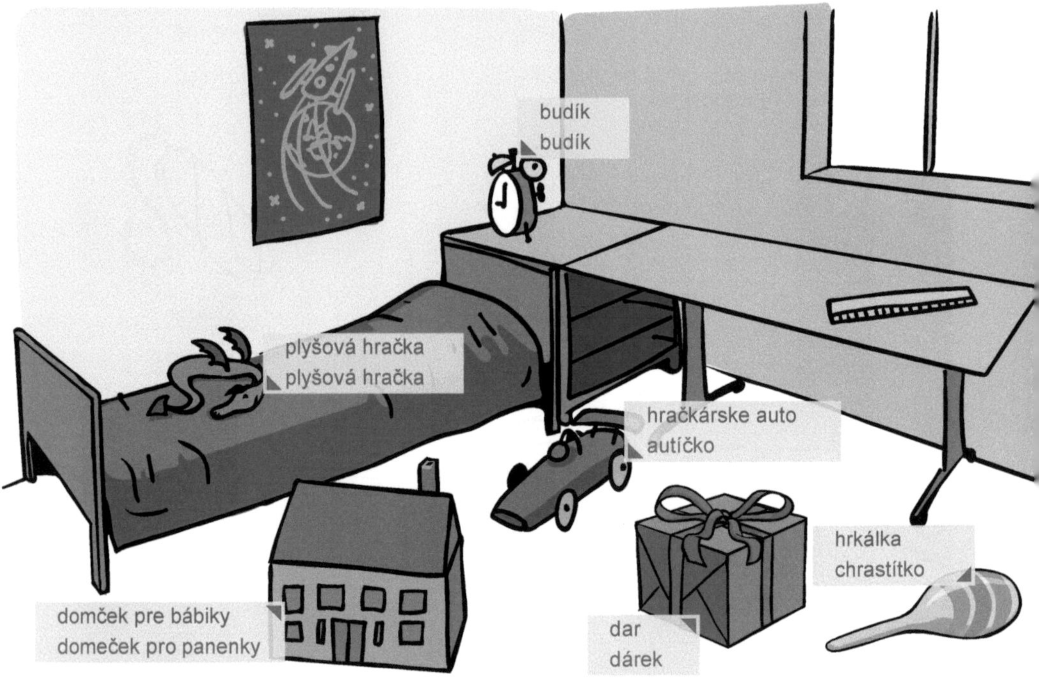

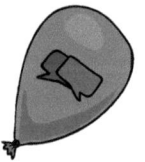

balón
balón

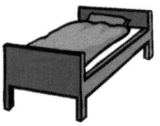

posteľ
postel

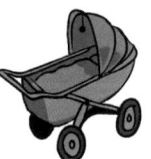

detský kočík
kočárek

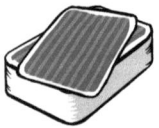

karty
balíček karet

puzzle
puzzle

SUPER MEGA

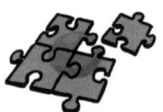

komix
komiks

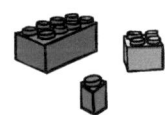

skladačka lego

lego kostky

stavebnica

stavebnice

akčná postavička

akční figurka

dupačky

dupačky

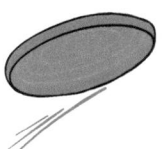

lietajúci tanier

frisbee

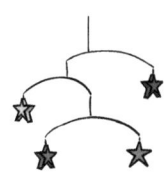

závesné hračky

závěsné hračky nad
postýlku

stolová hra

desková hra

kocka

kostky

modelový vláčik

modelová železnice

cumlík

dudlík

párty

oslava

obrázková kniha

obrázková kniha

lopta

rnlč

bábika

panenka

hrať sa

hrát si

pieskovisko

pískoviště

hojdačka

houpačka

hračky

hračky

hracia konzola

hrací konzole

trojkolka

tříkolka

medvedík

medvídek

šatník

šatník

šatstvo
oblečení

ponožky

ponožky

pančuchy

punčochy

pančuchové nohavičky

punčochové kalhoty

šál
šála

opasok
pásek

dáždnik
deštník

tričko
tričko

tenisky
tenisky

čižmy
kozačky

papuče
domácí obuv

sandále
sandály

lopánky
obuv

gumáky
holínky

spodky
spodní prádlo

podprsenka
podprsenka

tielko
nátělník

body
body

nohavice
kalhoty

džínsy
džíny

sukňa
sukně

blúzka
blůza

košeľa
košile

pulóver
svetr

sveter
mikina

blejzer
blejzr

bunda
bunda

kabát
kabát

pršiplášť
pláštěnka

kostým
kostým

šaty
šaty

svadobné šaty
svatební šaty

šatstvo - oblečení

oblek

oblek

nočná košeľa

noční košile

pyžamo

pyžamo

sari

sárí

šatka na hlavu

šátek na hlavu

turban

turban

burka

burka

kaftan

kaftan

abaja

abája

dvojdielne plavky

plavky

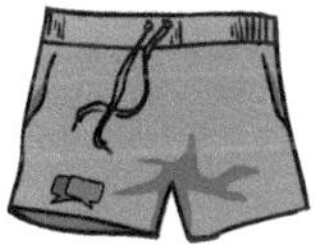

plavky

pánské plavky

šortky

kraťasy

tepláková súprava

tepláková souprava

zástera

zástěra

rukavice

rukavice

gombík

knoflík

okuliare

brýle

náramok

náramek

retiazka

náhrdelník

prsteň

prsten

náušnica

náušnice

čiapka

čepice

vešiak

ramínko

klobúk

klobouk

kravata

kravata

zips

zip

prilba

helma

traky

kšandy

školská uniforma

školní uniforma

uniforma

uniforma

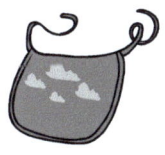

podbradník

bryndák

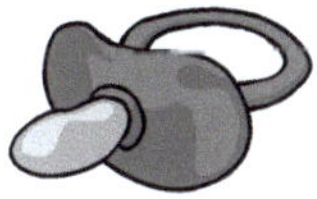

cumlík

dudlík

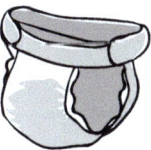

plienka

plena

kancelária

kancelář

server
server
skriňa na spisy
kartotéka
tlačiareň
tiskárna
papier
papír
monitor
monitor
myš
myš
písací stôl
psací stůl
zakladač
šanon
klávesnica
klávesnice
kôš na papier
odpadkový koš na papír
počítač
počítač
stolička
židle

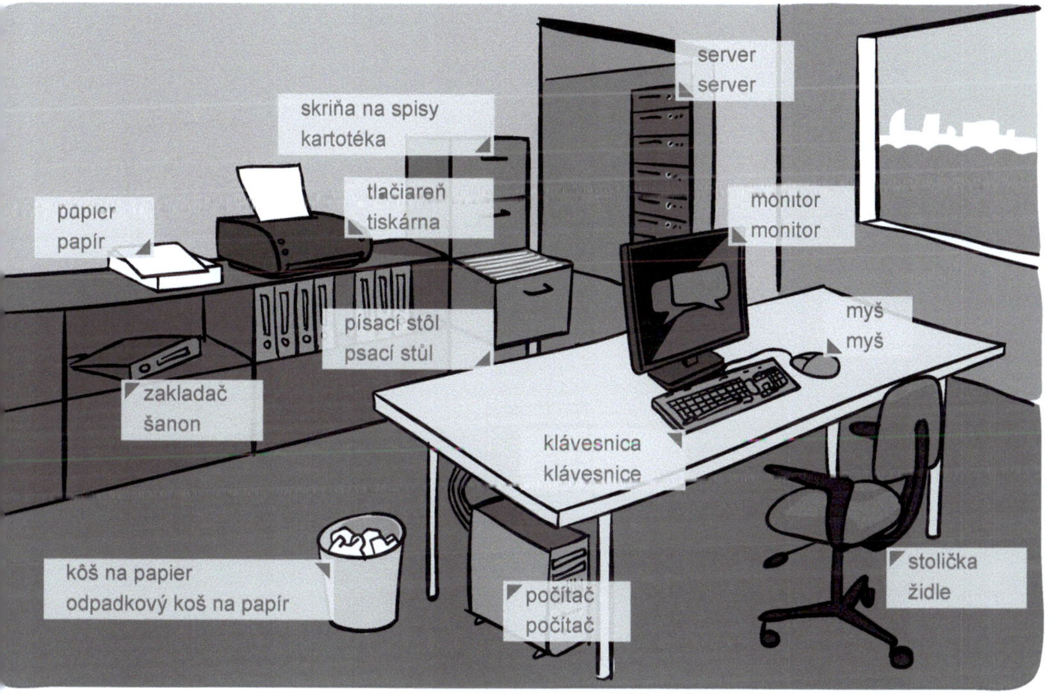

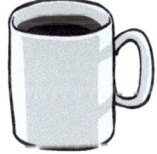

hrnček na kávu

hrnek na kávu

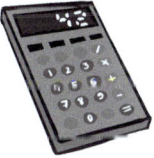

kalkulačka

kalkulačka

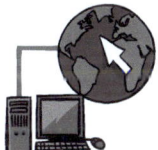

internet

internet

laptop

notebook

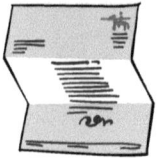

list

dopis

správa

zpráva

mobil

mobil

sieť

síť

kopírka

kopírka

softvér

software

telefón

telefon

elektrická zásuvka

zásuvka

fax

fax

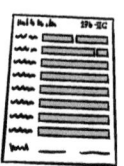

formulár

formulář

doklad

dokument

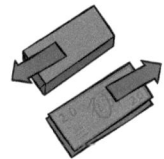

kúpiť
nakupovat

platiť
zaplatit

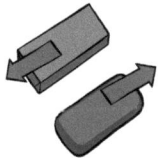

obchodovať
jednat

peniaze
peníze

dolár
dolar

euro
euro

jen
jen

rubeľ
rubl

švajčiarsky frank
frank

čínsky jüan
juan

rupia
rupie

bankomat
bankomat

zmenáreň
směnárna

zlato
zlato

striebro
stříbro

ropa
olej

energia
energie

cena
cena

zmluva
smlouva

daň
daň

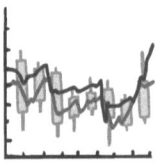

akcia
akcie

pracovať
pracovat

zamestnanec
zaměstnanec

zamestnávateľ
zaměstnavatel

továreň
továrna

obchod
obchod

povolania
povolání

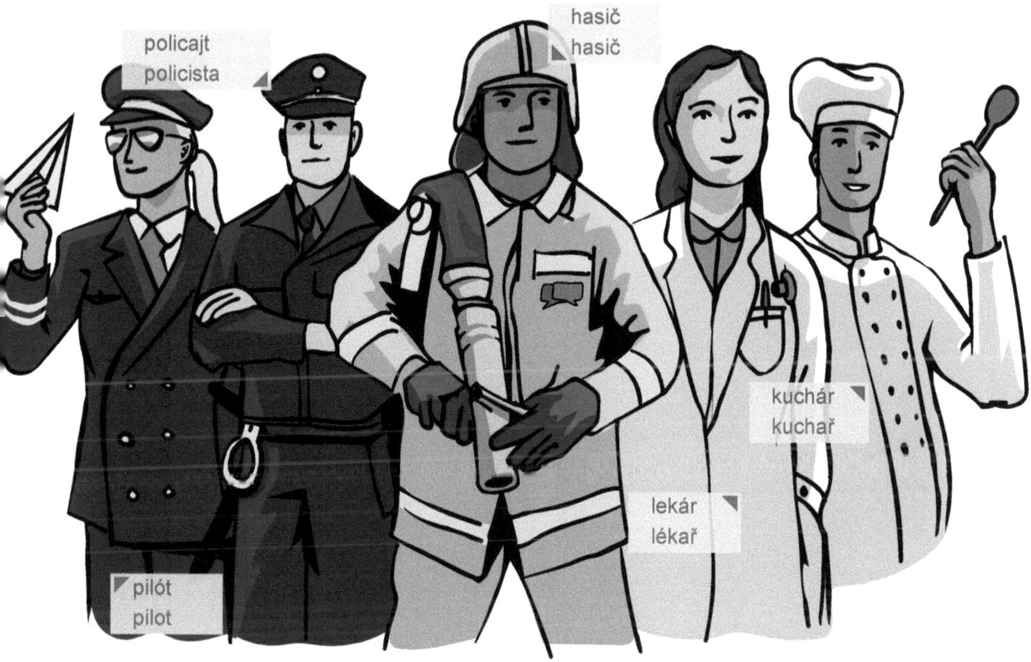
policajt
policista
hasič
hasič
kuchár
kuchař
lekár
lékař
pilót
pilot

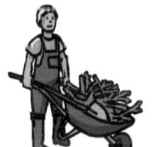

záhradník

zahradník

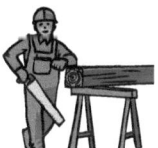

stolár

truhlář

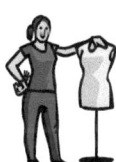

krajčírka

švadlena

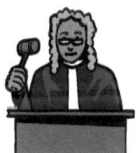

sudca

soudce

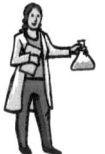

chemik

chemik

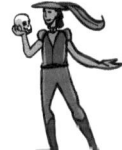

herec

herec

vodič autobusu

řidič autobusu

taxikár

řidič taxi

rybár

rybář

upratovačka

uklízečka

pokrývač

pokrývač

čašník

číšník

poľovník

myslivec

maliar

malíř

pekár

pekař

elektrikár

elektrikář

stavebný robotník

stavební dělník

inžinier

inženýr

mäsiar

řezník

klampiar

klempíř

poštár

listonoš

vojak
vaják

architekt
architekt

pokladník
pokladní

kvetinár
florista

kaderník
kadeřník

sprievodca
průvodčí

mechanik
mechanik

kapitán
kapitán

zubár
zubař

vedec
vědec

rabín
rabín

imám
imám

mních
mnich

farár
duchovní

náradie
nářadí

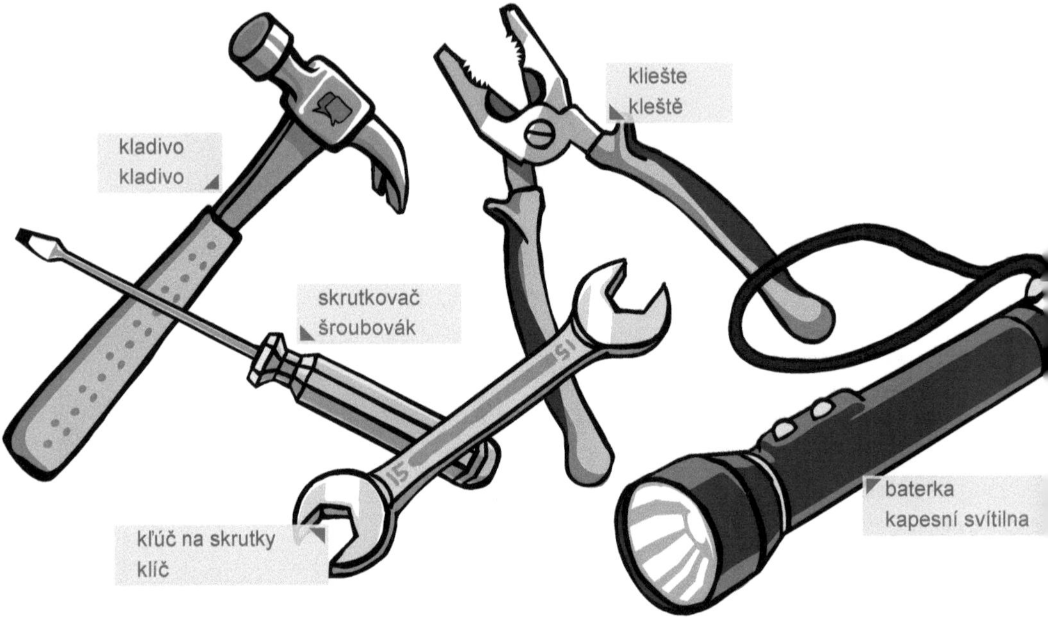
kladivo
kladivo
kliešte
kleště
skrutkovač
šroubovák
kľúč na skrutky
klíč
baterka
kapesní svítilna

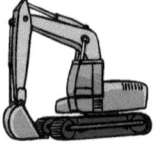

bager
bagr

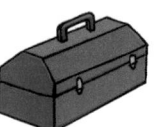

súprava náradia
skříň na nářadí

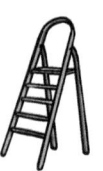

rebrík
žebřík

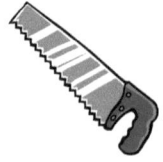

pílka
pila

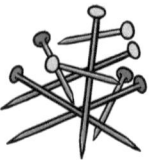

klince
hřebíky

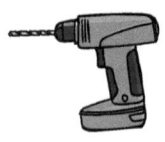

vrták
vrtačka

opraviť
opravit

lopata
lopata

Do čerta!
Kurva!

lopatka na smeti
lopatka

nádoba s farbou
vědroé na barvu

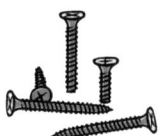

skrutky
šrouby

hudobné nástroje
hudební nástroje

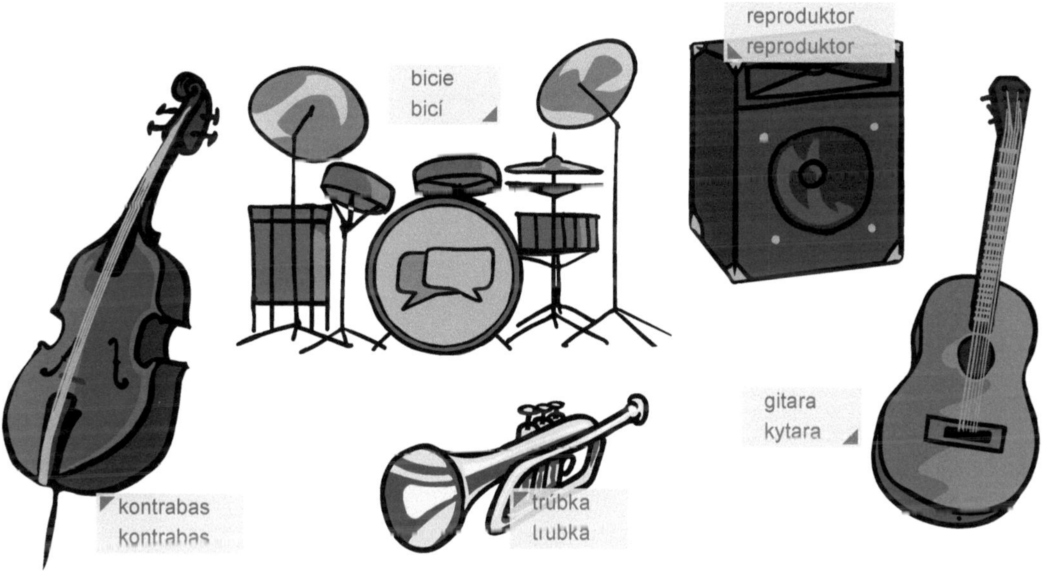

reproduktor
reproduktor

bicie
bicí

gitara
kytara

kontrabas
kontrabas

trúbka
trubka

klavír

klavír

husle

housle

basa

basa

tympany

tympán

bubon

bubny

klávesnica

keyboard

saxofón

saxofon

flauta

flétna

mikrofón

mikrofon

ZOO

zoo

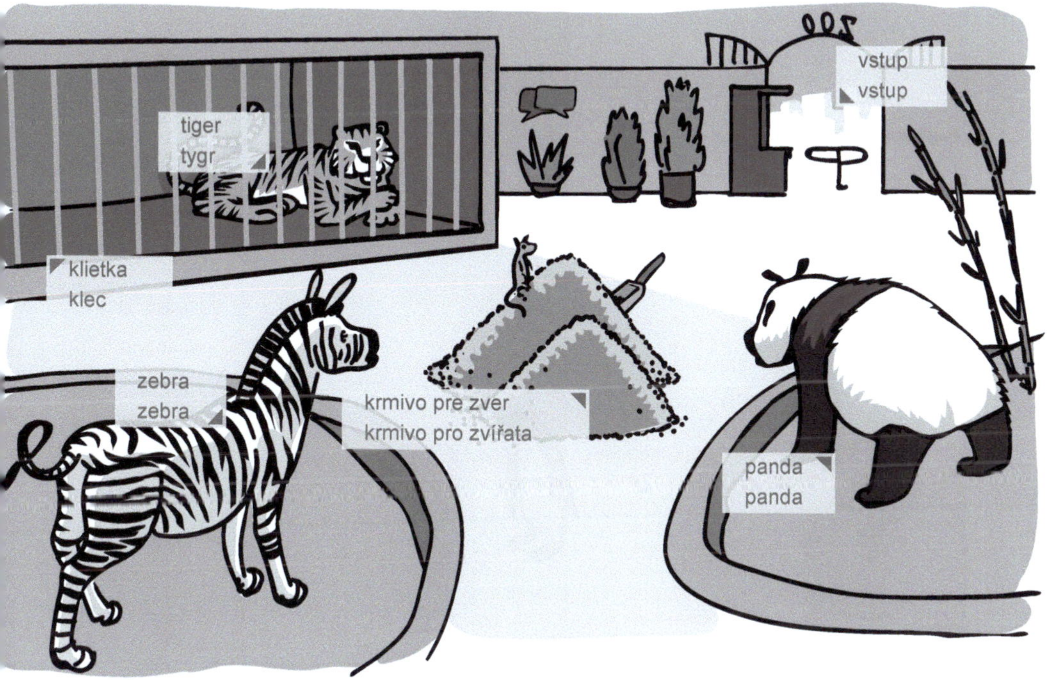

tiger
tygr
vstup
vstup
klietka
klec
zebra
zebra
krmivo pre zver
krmivo pro zvířata
panda
panda

zvieratá

zvířata

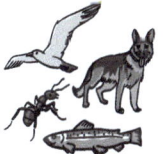

slon

slon

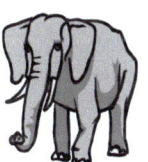

klokan

klokan

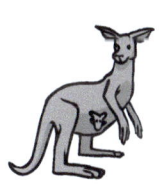

nosorožec

nosorožec

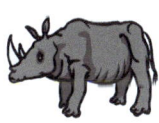

gorila

gorila

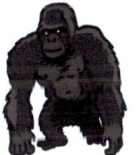

medveď

medvěd

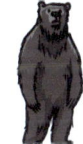

ťava

velbloud

pštros

pštros

lev

lev

opica

opice

plameniak

plameňák

papagáj

papoušek

ľadový medveď

lední medvěd

tučniak

tučňák

žralok

žralok

páv

páv

had

had

krokodíl

krokodýl

ošetrovateľ v ZOO

ošetřovatel zvířat

tuleň

tuleň

jaguár

jaguár

poník

poník

leopard

leopard

hroch

hroch

žirafa

žirafa

orol

orel

diviak

divoké prase

ryba

ryby

korytnačka

želva

mrož

mrož

líška

liška

gazela

gazela

americký futbal
americký fotbal

cyklistika
cyklistika

tenis
tenis

basketbal
košíková

plávanie
plavání

box
box

hokej
lední hokej

futbal	bedminton	ľahká atletika
kopaná	badminton	lehká atletika
hádzaná	lyžovanie	pólo
házená	běh na lyžích	vodní pólo

skočiť
skočit

objať
objímat

smiať sa
smát se

chodiť
jít

spievať
zpívat

snívať
snít

modliť sa
modlit se

pobozkať
políbit

písať
psát

kresliť
kreslit

ukázať
ukazovat

tlačiť
tlačit

dať
dát

brať
vzít si

mať
mít

robiť
dělat

byť
být

stáť
stát

bežať
běhat

ťahať
táhnout

hádzať
hodit

padnúť
padat

ležať
ležet

čakať
čekat

nosiť
nosit

sedieť
sedět

obliecť sa
oblékat

spať
spát

zobudiť sa
vzbudit se

pozerať
prohlédnout si

plakať
plakat

hladkať
pohladit

česať
česat

hovoriť
hovořit

rozumieť
rozumět

pýtať sa
ptát se

počuť
slyšet

piť
pít

jesť
jíst

upratať
uklidit

milovať
milovat

variť
vařit

jazdiť
jet

lelieť
letět

plachtiť

plachtit

počítať

počítat

čítať

číst

učiť sa

učit se

pracovať

pracovat

oženiť

vzít si

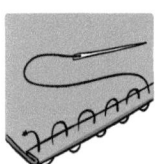

šiť

šít

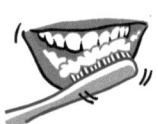

čistiť zuby

čistit si zuby

zabiť

zabít

fajčiť

kouřit

poslať

poslat

rodina
rodina

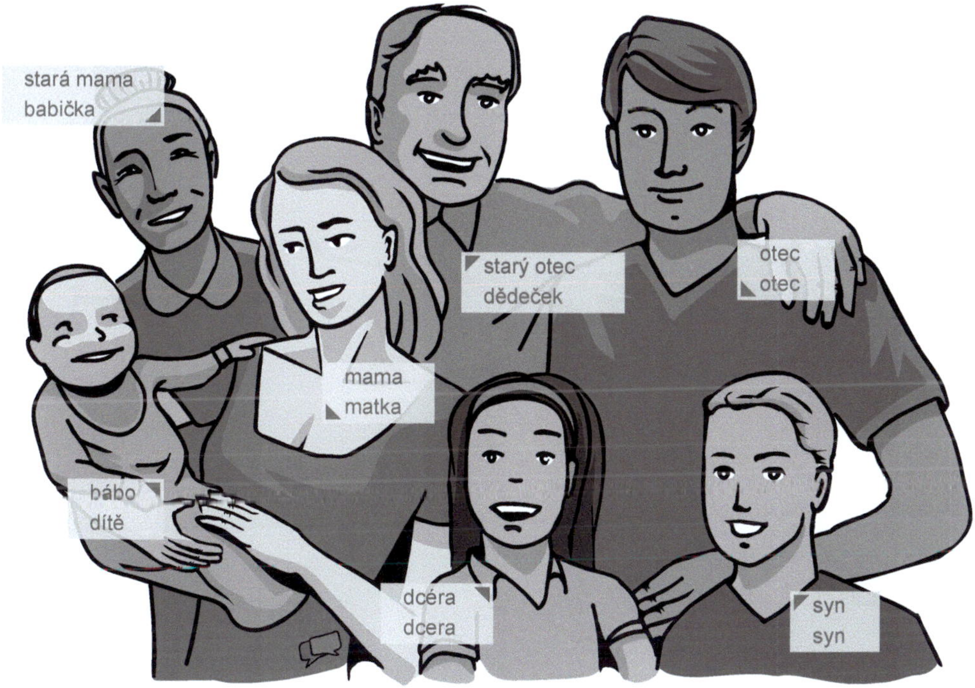
stará mama
babička
starý otec
dědeček
otec
otec
mama
matka
bábo
dítě
dcéra
dcera
syn
syn

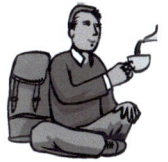

hosť
host

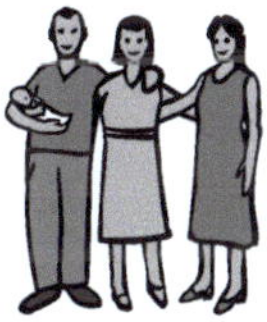

teta
teta

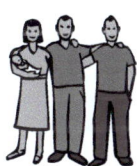

strýko
strýc

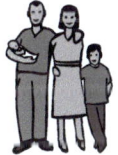

brat
bratr

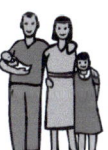

sestra
sestra

telo
tělo

čelo
čelo
oko
oko
plece
rameno
prst
prst
tvár
obličej
brada
brada
ruka
ruka
noha
dolní končetina
hruď
hruď
rameno
paže

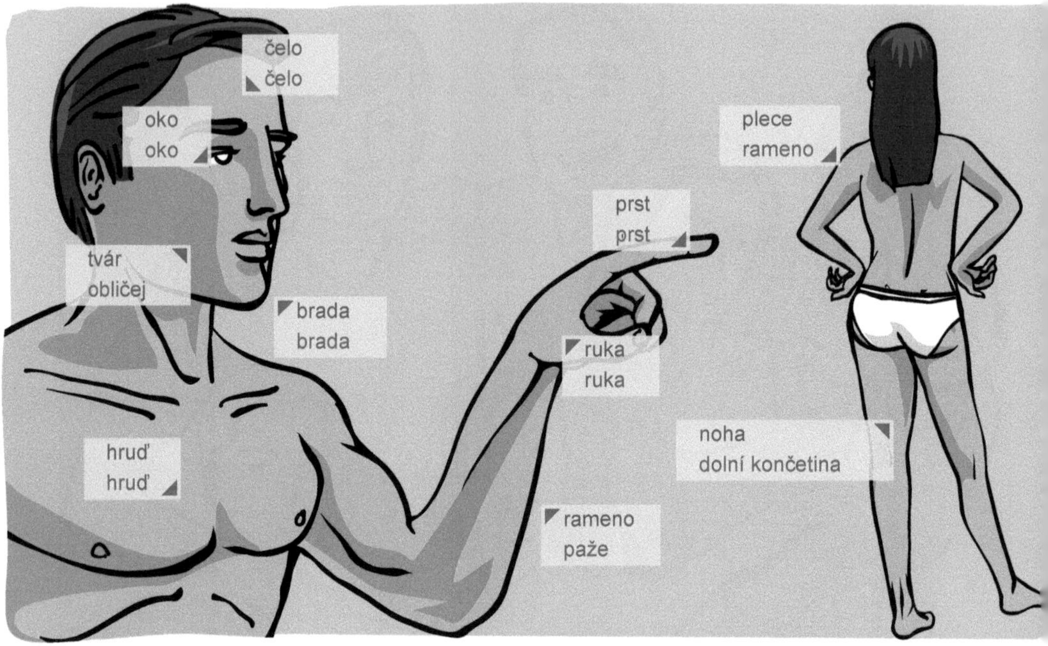

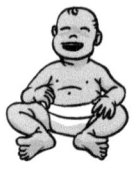

bábo
dítě

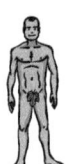

muž
muž

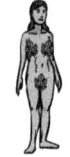

žena
žena

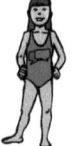

dievča
dívka

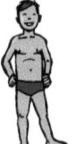

chlapec
chlapec

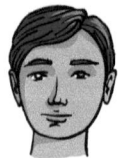

hlava
hlava

chrbát

záda

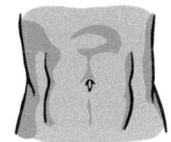

brucho

břicho

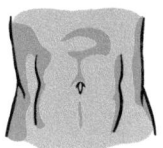

pupok

pupík

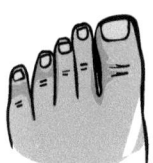

prst na nohe

prst na noze

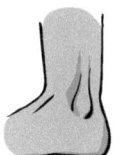

päta

pata

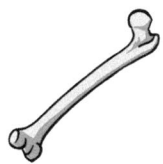

kosť

kost

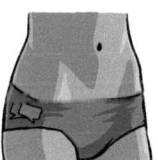

bok

bok

koleno

koleno

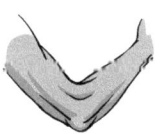

lakeť

loket

nos

nos

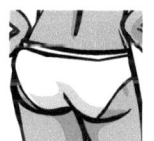

zadok

zadek

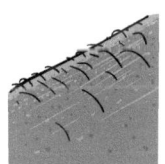

koža

kůže

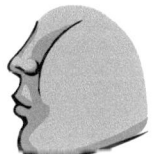

líce

tvář

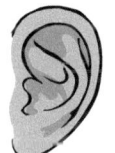

ucho

ucho

pery

ret

ústa
ústa

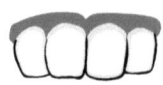

zub
zub

jazyk
jazyk

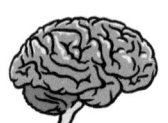

mozog
mozek

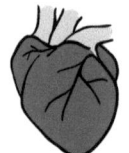

srdce
srdce

svaly
sval

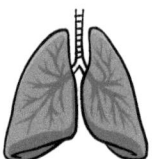

pľúca
plíce

pečeň
játra

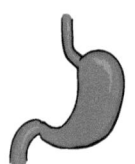

žalúdok
žaludek

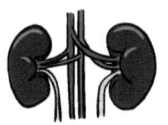

obličky
ledviny

pohlavný styk
pohlavní styk

kondóm
kondom

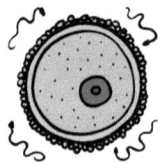

vaječná bunka
vajíčko

semeno
sperma

tehotenstvo
těhotenství

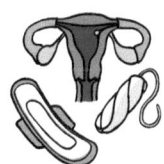

menštruácia

menstruace

vagína

vagina

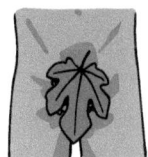

penis

penis

obočie

obočí

vlasy

vlasy

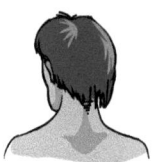

krk

krk

nemocnica
nemocnice

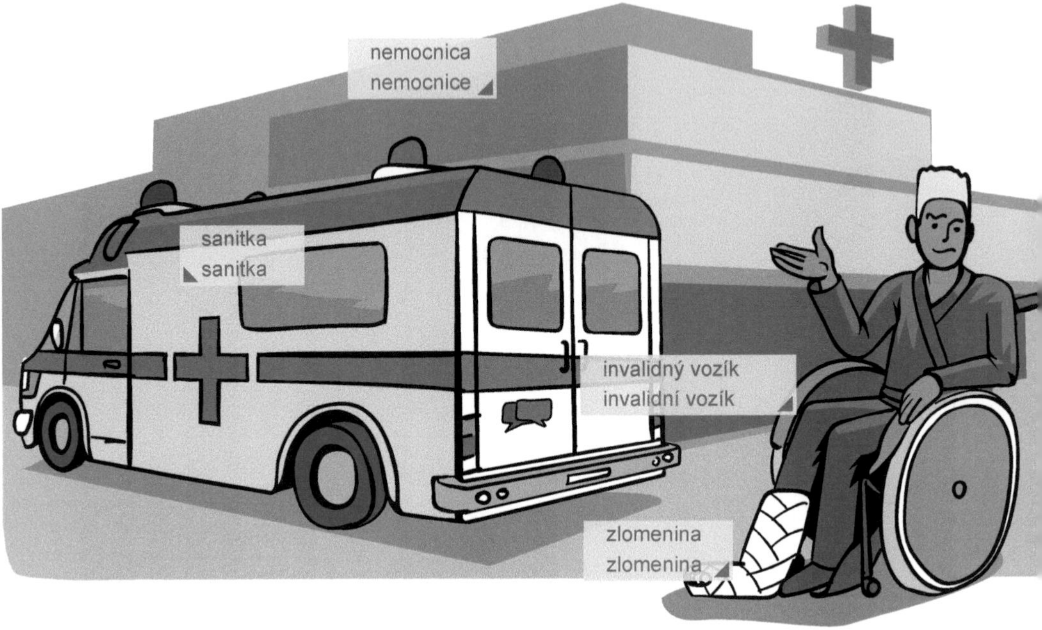

nemocnica
nemocnice
sanitka
sanitka
invalidný vozík
invalidní vozík
zlomenina
zlomenina

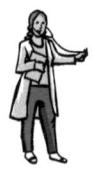

lekár

lékař

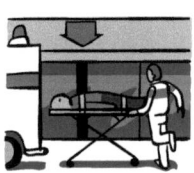

urgentný príjem

pohotovost

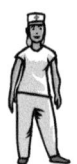

sestrička

zdravotní sestra

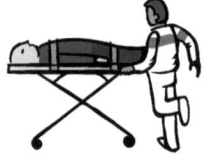

urgentný prípad

urgentní případ

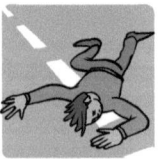

v bezvedomí

v bezvědomí

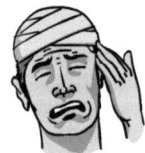

bolesť

bolest

zranenie

úraz

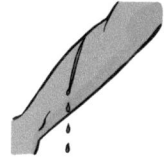

krvácanie

krvácení

srdcový infarkt

infarkt myokardu

mozgová porážka

cévní mozková příhoda

alergia

alergie

kašeľ

kašel

teplota

horečka

chrípka

chřipka

hnačka

průjem

bolesť hlavy

bolest hlavy

rakovina

rakovina

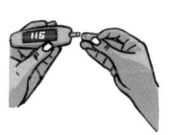

cukrovka

cukrovka

chirurg

chirurg

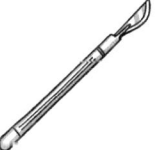

skalpel

skalpel

operácia

operace

CT

CT

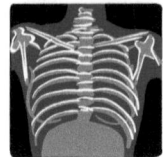

RTG

rentgen

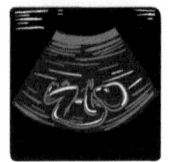

ultrazvuk

ultrazvuk

maska

maska

choroba

nemoc

čakáreň

čekárna

barla

berle

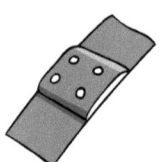

náplasť

náplast

obväz

obvaz

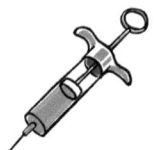

injekcia

injekce

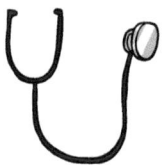

fonendoskop

stetoskop

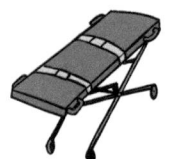

nosidlá

nosítka

teplomer

teploměr

pôrod

porod

nadváha

nadváha

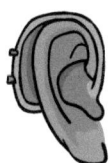

audiofón

naslouchátko

dezinfekčný prostriedok

dezinfekční prostředek

infekcia

infekce

vírus

virus

HIV / AIDS

HIV / AIDS

medicína

lékařství

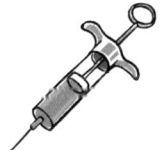

očkovanie

očkování

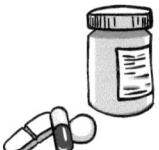

tabletky

tablety

antikoncepčná pilulka

pilulka

tiesňové volanie

tísňové volání

tlakomer

tonometr

chorý / zdravý

nemocný / zdravý

Pomoc!

Pomoc!

alarm

poplach

prepad

přepadení

útok

napadení

nebezpečenstvo

nebezpečí

núdzový východ

nouzový východ

Horí!

Hoří!

hasičský prístroj

hasicí přístroj

nehoda

nehoda

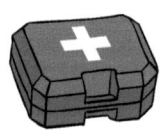

kufrík prvej pomoci

zdravotnická brašna

SOS

SOS

polícia

policie

Európa
Evropa

Severná Amerika
Severní Amerika

Južná Amerika
Jižní Amerika

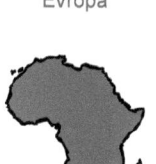

Afrika
Afrika

Ázia
Asie

Austrália
Austrálie

Atlantický oceán
Atlantik

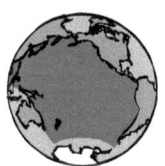

Tichý oceán
Pacifik

Indický oceán
Indický oceán

Južný oceán
Jižní ledový oceán

Severný ľadový oceán
Severní ledový oceán

Severný pól
severní pól

Južný pól
jižní pól

Antarktída
Antarktida

Zem
země

krajina
pevnina

more
moře

ostrov
ostrov

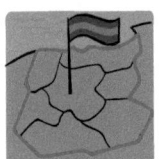

národ
národ

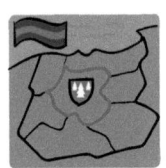

štát
stát

ciferník

ciferník

hodinová ručička

hodinová ručička

minútová ručička

minutová ručička

sekundová ručička

vteřinová ručička

Koľko je hodín?

Kolik je hodin?

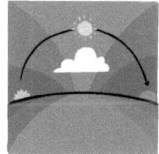

deň

den

čas

čas

teraz

teď

digitálne hodiny

digitální hodinky

minúta

minuta

hodina

hodina

týždeň
týden

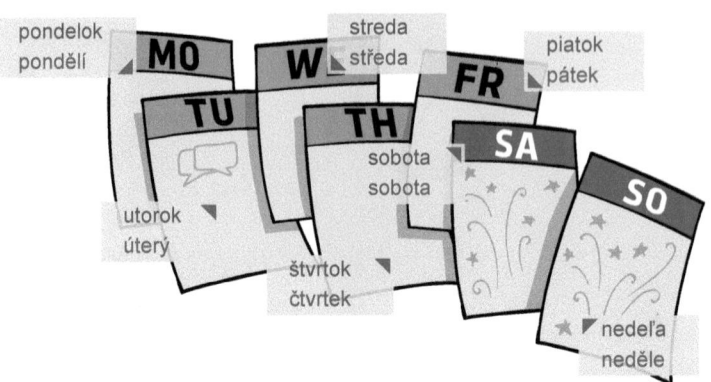

pondelok / pondělí — **MO**
streda / středa — **W**
piatok / pátek — **FR**
utorok / úterý — **TU**
štvrtok / čtvrtek — **TH**
sobota / sobota — **SA**
nedeľa / neděle — **SO**

včera
včera

dnes
dnes

zajtra
zítra

ráno
ráno

poludnie
poledne

večer
večer

MO	TU	WE	TH	FR	SA	SU
1	2	3	4	5	6	7
8	9	10	11	12	13	14
15	16	17	18	19	20	21
22	23	24	25	26	27	28
29	30	31	1	2	3	4

pracovné dni
pracovní dny

MO	TU	WE	TH	FR	SA	SU
1	2	3	4	5	6	7
8	9	10	11	12	13	14
15	16	17	18	19	20	21
22	23	24	25	26	27	28
29	30	31	1	2	3	4

víkend
víkend

rok
rok

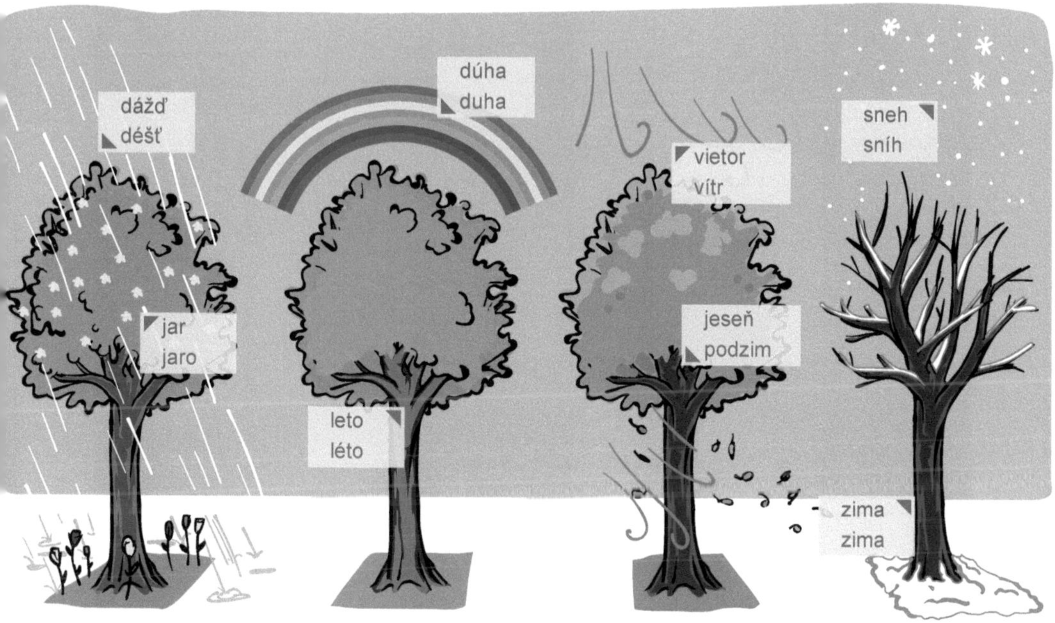

dážď
dešť
dúha
duha
vietor
vítr
sneh
sníh
jar
jaro
leto
léto
jeseň
podzim
zima
zima

4.APRIL 11°
5.APRIL 4°
6.APRIL 13°
7.APRIL 8°
8.APRIL 10°

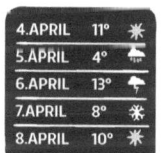

predpoveď počasia

předpověď počasí

F
C
120
90
60
30
0
-30
40
30
20
10
0
-10
-20

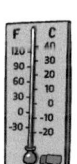

teplomer

teploměr

slnečný svit

sluneční svit

oblak

mrak

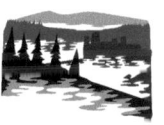

hmla

mlha

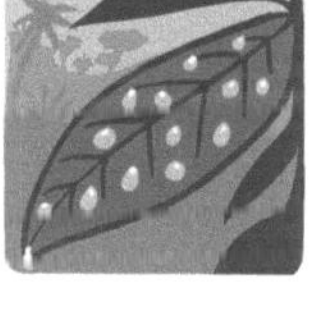

vlhkosť vzduchu

vlhkost

blesk
blesk

hrom
hrom

búrka
bouřka

krúpy
kroupy

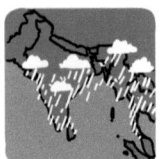

monzún
monzun

záplava
povodeň

ľad
led

január
leden

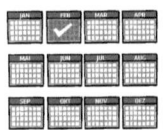

február
únor

marec
březen

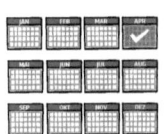

apríl
duben

máj
květen

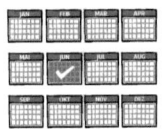

jún
červen

júl
červenec

august
srpen

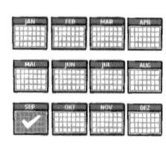

september
....
září

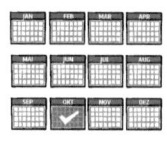

október
....
říjen

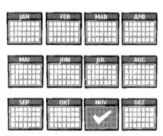

november
....
listopad

december
....
prosinec

kruh
....
kruh

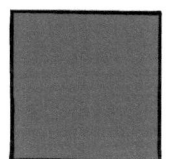

štvorec
....
čtverec

obdĺžnik
....
obdélník

trojuholník
....
trojúhelník

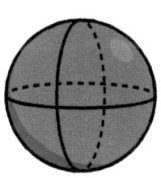

guľa
....
koule

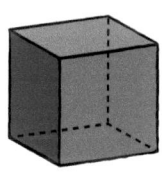

kocka
....
krychle

farby
barvy

biela

bílá

žltá

žlutá

oranžová

oranžová

ružová

růžová

červená

červená

fialová

fialová

modrá

modrá

zelená

zelená

hnedá

hnědá

šedá

šedá

čierna

černá

veľa / málo
hodně / málo

zúrivý / pokojný
rozzuřený / mírumilovný

pekný / škaredý
krásný / ošklivý

začiatok / koniec
začálek / konec

veľký / malý
velký / malý

svetlý / tmavý
světlý / tmavý

brat / sestra
bratr / sestra

čislý / šplnavý
čistý / špinavý

úplný / neúplný
úplný / neúplný

deň / noc
den / noc

mŕtvy / živý
mrtvý / živý

široký / úzky
široký / úzký

chutný / nechutný

jedlý / nejedlý

zlostný / láskavý

zlý / hodný

vzrušený / unudený

vzrušený / znuděný

tlstý / chudý

tlustý / hubený

prvý / posledný

nejdříve / naposledy

priateľ / nepriateľ

přítel / nepřítel

plný / prázdny

plný / prázdný

tvrdý / mäkký

tvrdý / měkký

ťažký / ľahký

těžký / lehký

hlad / smäd

hlad / žízeň

chorý / zdravý

nemocný / zdravý

nelegálny / legálny

ilegální / legální

inteligentný / hlúpy

inteligentní / hloupý

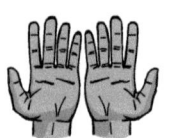

vľavo / vpravo

vlevo / vpravo

blízko / ďaleko

blízko / daleko

nový / použitý

nový / použitý

nič / niečo

nic / něco

starý / mladý

starý / mladý

zapnuté / vypnuté

zapnutý / vypnutý

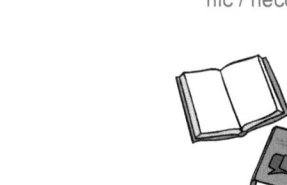

otvorené / zatvorené

otevřeno / zavřeno

tichý / hlasný

tichý / hlasitý

bohatý / chudobný

bohatý / chudý

správne / nesprávne

správný / špatný

drsný / hladký

drsný / hladký

smutný / šťastný

smutný / šťastný

krátky / dlhý

krátký / dlouhý

pomaly / rýchlo

pomalý / rychlý

mokrý / suchý

vlhký / suchy

teplý / studený

teplý / chladný

vojna / mier

válka / mír

0

nula
nula

1

jeden
jedna

2

dva
dva

3

tri
tři

4

štyri
čtyři

5

päť
pět

6

šesť
šest

7

sedem
sedm

8

osem
osm

9

deväť
devět

10

desať
deset

11

jedenásť
jedenáct

čísla - čísla

12

dvanásť

dvanáct

13

trinásť

třináct

14

štrnásť

čtrnáct

15

pätnásť

patnáct

16

šestnásť

šestnáct

17

sedemnásť

sedmnáct

18

osemnásť

osmnáct

19

devätnásť

devatenáct

20

dvadsať

dvacet

100

sto

sto

1.000

tisíc

tisíc

1.000.000

milión

milion

angličtina

angličtina

americká angličtina

americká angličtina

mandarínska čínština

standardní čínština

hindčina

hindština

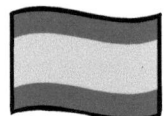

španielčina

španělština

francúzština

francouzština

arabčina

arabština

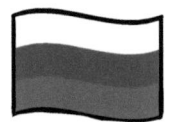

ruština

ruština

portugalčina

portugalština

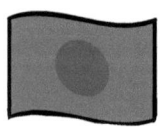

bengálčina

bengálština

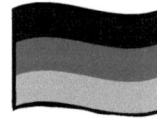

nemčina

němčina

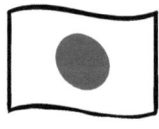

japončina

japonština

ja

já

ty

ty

on/ona/ono

on / ona / ono

my

rny

vy

vy

oni

oni

kto?

Kdo?

čo?

Co?

ako?

Jak?

kde?

Kde?

kedy?

Kdy?

meno

jméno

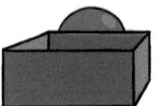

za
....
za

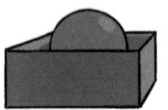

v
....
do

pred
....
z

nad
....
nad

na
....
na

pod
....
mezi

vedľa
....
vedle

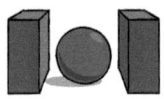

medzi
....
mezi

miesto
....
místo